OBSERVATIONS

SUR

LE DROIT DE CITÉ,

Et sur quelques parties du travail de la commission des onze.

De ce que l'abus des droits peut être redouté, il ne suit pas qu'on doive les enfreindre ; car cette violation est elle-même le plus grand des abus, et qui les engendre tous.

Si l'on devoit ôter à l'homme tout ce dont il peut abuser, il faudroit ne lui rien laisser.

Si la naturelle indépendance dispose les soumis à l'indocilité, l'attrait du pouvoir pousse à l'usurpation les constitués en puissances ; contenez la première, mais que le souverain retienne et puisse toujours réprimer l'autre.

A PARIS,

Chez **VATAR** et Associés, imprimeurs, rue de l'Université.

An III.

OBSERVATIONS

SUR

LE DROIT DE CITÉ,

Et sur quelques parties du travail de la commission des onze.

SUR LE DROIT EXCLUSIF DE CITÉ.

LA nature, sans doute, n'a pas plus fait de propriétaires que de nobles : elle n'a fait que des êtres dépourvus, égaux en besoins comme en droits. La société en se formant a dû consacrer et reconnoître cette égalité des droits, précisément à cause de l'évidente égalité des besoins, et de l'identité sensible de l'espèce. Les progrès de l'état civil n'ont pu porter aucune légitime atteinte à cette égalité des droits ; ils ne pouvoient, au contraire, qu'en mieux démontrer la justice et la nécessité.

Dans toute société bien ordonnée, on a dû penser, on n'eût jamais dû mettre en oubli, que bien loin de laisser ébranler ou altérer cette saine doctrine, il falloit en raffermir tous les appuis, pour qu'en dépit de l'avidité dévorante et du dédaigneux orgueil, le nécessaire au moins ne manquât jamais à personne, et que les jouissances modestes et simples, les existences obscures, fussent aussi assurées, aussi respectées, plus honorées sur-tout que l'altière opulence.

Redisons ici, rappellons avec quelque force, en réponse aux folles prétentions de certains propriétaires, que toute propriété ne put être, dans son origine, qu'un des bien-

A

faits de l'état civil , et une libre reconnoissance , une véritable concession de la part des sociétaires ; qu'aucun de ceux-ci ne put renoncer au droit naturel de saisir ce qui lui étoit nécessaire, et qu'il pouvoit atteindre , que pour son avantage et celui de tous ; qu'avant cette rénonciation et à son défaut , il n'existoit point , il ne pouvoit exister de véritable propriété ; que le droit même de premier occupant par le travail , seul titre de ces tems, n'emportoit avec lui que l'idée de possession précaire , et l'avantage incertain de jouir du fruit de ce travail ; que ce titre même , pour ne pas cesser d'être respectable , étoit naturellement soumis à la condition de ne porter que sur une étendue de sol , et une mesure d'objets bornée aux besoins du premier occupant ; que cet état de simple possession étroitement limité n'a pu être transformé en état de propriété indéfini , que par une convention libre entre les membres de l'association ; qu'en échange de ce don que chacun consentoit à faire, nul, sans doute , n'a commis la folie de recevoir le joug, de cesser d'être homme et libre , pour devenir esclave et bête de somme ; que le prétendu *droit des propriétaires , de chasser du territoire* ceux qui ne le sont pas , seroit une bien étrange conséquence de cette réunion par laquelle ils le sont devenus , et de la confiante facilité es uns à se dépouiller au profit des autres ; un triste retour de leur volontaire condescendance , et des travaux qu'ils s'imposèrent , et des mutuels services qui durent les unir tous ; que cet autre prétendu *droit des propriétaires,* de vendre à l'étranger le territoire de la république , est le renversement des principes du droit de souveraineté , qui manqueroit de sa principale base , s'il n'étoit à la fois réel et personnel ; que le territoire en masse est essentiellement communal ; qu'il est , sous ce rapport , la propriété par indivis du

peuple souverain, de la masse totale des Français qui l'oc-
cupent et vivent de ses produits ; que si cette masse a
consenti à reconnoître un droit de propriété secondaire et
commis aux individus , il est bien entendu qu'il reste subordonné au droit universel et suprême de propriété que
le pacte d'union donne à la masse sur le sol entier ; que le
territoire nourrit également ceux qui ont et ceux qui n'ont
pas des arpens de terre , et que tous ensemble forment la
nation , propriétaire réelle et *indésaisissable* de ce territoire ; qu'au surplus , il n'en est pas du droit individuel de
propriété , véritable crétaion de l'état civil , comme des
droits de l'homme , inhérens à son être , inséparables de la
notion que tout esprit raisonnable s'en forme , ni comme
des droits imprescriptibles du citoyen , dérivant de ceux
de la nature ; que si ceux-ci , par hasard , pouvoient jamais
devenir inconciliables avec ce qu'on appelleroit encore le
droit de propriété , il faudroit se hâter de renoncer à
l'un pour conserver les autres , et ne plus reconnoître de
propriétaires , pour avoir toujours des hommes et des citoyens ; que ce seroit donc rendre un assez mauvais ser-
vice aux propriétaires , et bien mal plaider la cause de la
propriété , que de nous la peindre , ainsi que l'ont fait ses
deux avocats , essentiellement tyrannique , et inconciliable
avec l'égalité politique et nos imprescriptibles droits ; que
si la propriété exclusive , fille à la fois et mère de nos
vices , créée par eux et les fécondant à son tour , est dès
long-tems et pour toujours un mal nécessaire parmi nous ,
elle ne nous a cependant pas dépravés au point d'adopter ,
de pouvoir même écouter de sang froid ces étranges maxi-
mes : le propriétaire est tout, et l'homme rien : le premier
est, de droit, souverain et maître absolu ; et l'autre ,
nûment esclave , asservi de droit et de fait , *n'ayant rien
du tout à voir à la chose publique ,* dont on use ou que

l'on rejette ; qu'on retient ou qu'on chasse , selon ses convenances ou ses caprices ; dont l'unique droit enfin , dans tout état sagement constitué , est le travail forcé , l'obéissance passive , l'assujettissement aux loix *qui lui sont* IMPOSÉES , SAUF A LES VIOLER QUAND IL PEUT , ET A ÊTRE PENDU QUAND ON L'Y PREND ! ! etc. Je n'ai pas la force d'en dire davantage ; et ceux qui auront lu les deux brochures , dont j'offre le résumé sur ce point , en quelques lignes , verront bien que je n'en dis pas trop ; mais il est bien affligeant d'avoir à retracer , de nos jours , de pareilles absurdités.

Non , ce ne fut pas comme propriétaires , que les hommes s'associèrent entr'eux , et continuèrent à rester unis : ce fut comme hommes , comme êtres sociables , sensibles, intelligens , industrieux , ayant des besoins premiers à satisfaire , de nouveaux besoins de tout genre à contenter , des facultés physiques et morales susceptibles de mille applications et développemens divers à mettre en commun pour cet objet , des jouissances et des services à rendre et à recevoir , des droits égaux sur-tout à consacrer , à maintenir pour la sûreté commune et le bonheur de tous. Voilà le fondement et le but , le principe et la fin du pacte social. C'est ce qui le base à la première heure ; c'est ce ciment conservé qui le rendroit indestructible.

Nulle prospérité réelle dans un état , nulle tranquillité durable , sans l'affermissement de la liberté publique , et par suite , des libertés privées. Nulle possibilité de liberté véritable et constante , hors de l'égalité des droits. Cela est incontestable , et heureusement n'est plus contesté. Jusqu'à quel point cette égalité peut-elle s'allier à l'inégalité dans les fortunes ? Grand et difficile problème , sans doute ! il ne sera pas résolu de si-tôt , si pourtant il l'est jamais. Mais , qu'on le résolve ou non , toujours est - il qu'il faut soigneusement éviter de favoriser , par nos institutions ou nos loix , les progrès de cette inégalité dans les fortunes , qui tend sans cesse à détruire l'égalité politique , dont elle est naturellement ennemie. Bien moins encore doit-on se permettre de relever et d'énorgueillir par l'esprit des institutions et la partialité des loix ces propriétaires et ces riches , déjà trop insolens et trop forts par leurs propriétés mêmes et par leurs richesses : car alors on créeroit inévitablement, on ne tarderoit pas à voir naître une nouvelle tyrannie , et la plus dure , la plus intolérable , la plus avilissante qui puisse être imaginée. On tomberoit dans le dernier degré du malheur et de l'opprobre. C'est bien cela qui seroit l'éternel déshonneur du peuple françois et de la révolution.

Plus le riche réuniroit de privilèges qui le rendroient puissant , et plus il lui deviendroit facile d'accroître ses richesses. Plus ses richesses s'accroîtroient , et plus il auroit de moyens d'augmenter sa puissance ; sur tout au milieu d'un peuple non encore régénéré , et que ce régime d'iniquité acheveroit de corrompre. Le pauvre, de son côté , seroit plus pauvre que jamais ; on le dépouilleroit dans tous les sens ; on lui enleveroit sa subsistance ; on lui arracheroit ses droits. Dans ce dénument absolu , désarmé , souffrant , affamé , sans ressource sur son propre sol , sans appui au milieu des siens , s'il demandoit du pain , on le nommeroit séditieux , conspirateur , brigand, assassin. D'autre part , on ouvriroit une libre carrière aux deux passions qu'il importe le plus de contenir ; on insinueroit , on diroit même en termes équivalens , que l'ambition et l'avidité sont deux ressorts précieux dans une grande société , deux passions qu'il importe d'honorer à tous les yeux , et d'exalter dans tous les cœurs ; et qu'il n'est pas vrai que les ambitieux et les riches , les superbes et les cupides , soient essentiellement ennemis de la *sage* égalité, ni d'une constitution qui l'auroit pour base, et s'y conformeroit dans ses développemens. On parleroit beaucoup de la nécessité de comprimer sans cesse la *rebellion éternelle et sourde de l'état de nature contre l'état de société*, et l'on ne manqueroit pas de donner une assez fausse idée de chacun de ces états ; mais on ne diroit pas un mot de la conspiration ouverte et continuelle de tant d'institutions prétendues sociales contre tous les droits de la nature. On affecteroit de penser que la *rebellion* dont on parle, *a pour objet constant l'application de cette grande maxime, de droit naturel*, diroit-on : — Ote-toi que je m'y mette ; — et l'on sembleroit méconnoître que c'est-là, au contraire, sinon la maxime, au moins le vœu *constant* et la pratique habituelle des intriguans et des fripons dont tout mauvais état de société abonde et qu'il forme ; tandis que la maxime de droit naturel, comme de véritable droit social, est : — Place pour tous, subsistance pour tous, égalité, liberté, fraternité, concorde. Et, quant à la *rebellion*, qu'on apprécie avec trop de légèreté, qu'on paroît voir avec quelque chagrin, elle n'est que l'heureuse et nécessaire résistance du sentiment profond et vrai de nos droits, contre l'insolente iniquité qui les méprise et qui les viole. Enfin, dans cet oubli des vrais principes de bonheur et d'ordre, on ne voudroit plus être vertueux et bon, on rougiroit de rester obscur et simple, tous voudroient être riches, puissans et remarqués ; une meurtrière émulation dévoreroit les cœurs et y dessécheroit tous les germes de vertu. L'on verroit se multiplier sans terme, et devenir honorables les plus honteux moyens de s'enrichir, par les voies toujours ouvertes de la rapine obscure ou de l'agiotage effronté ; toutes les sortes de commerces et de trafics auroient une activité extrême et une indépendance sans frein ; les goûts simples et purs, la douce et sage

médiocrité , les saines idées du seul bonheur qu'il soit
donné à l'homme d'atteindre , frappées de ridicule , objets
de dégoût et de pitié , périroient sous l'insolent mépris,
et ne seroient plus que le vœu impuissant , l'inutile pensée d'un petit nombre de sages inconnus. On verroit , plus
que jamais , de nombreuses bandes d'hommes abusés , aller
sans cesse et comme pour un concours, recueillant en tous
lieux les richesses et l'or des autres peuples , les super-
fluités et les vices des climats divers , pour les reporter au
milieu de nous , et y accroître ainsi les sources de corruption , les élémens de malheur , de division , d'avilis-
sement , de misère, et les obstacles à tout bien !... Quelles
vertus réelles pourroient germer alors dans un amas de
poisons? . . . Quelles lois sages pourroient être conçues ,
et quelle seroit leur puissance ? Les meilleures loix sont-
elles assez fortes contre le torrent des vices ? Ont-elles
quelque prise sur les mille artifices de la cupidité ?.. Quels
hommes sages voudroient alors nous gouverner ? On ne
gouverne point au sein de tant de corruption : on est
opprimé et l'on opprime. On ne peut gouverner , car il
n'y a plus de règle certaine ni de frein respecté. On gou-
verneroit en vain , parce que nulle harmonie ne peut
naître dans le désaccord , et sortir du fonds des désordres.
Bientôt on ne verroit plus , sous quelques dehors brillans
obscurcis par d'affreuses ombres , que les vains éclats
d'une joie frivole ; et tout auprès , misère profonde et
désespoir étouffé.

Nous serions donc aussi , comme le furent nos pères,
la dernière proie des plus vils coquins ! et notre im-
mortelle révolution ne nous laisseroit que quelques
souvenirs de gloire ; gloire , hélas ! bien douloureuse ,
et trop vain dédommagement de tant de maux et de honte !

Non , ce n'est point ainsi qu'elle finira ; j'en crois

nos sermens communs. Les intriguans passeront ; on les a trop écoutés ; ils nous ont fait bien du mal ; on leur pardonnera cependant... on a tant puni !... mais la voix des bons, les discours des sages, le bon sens des simples seront entendus. Ah ! nous avons grand besoin de redevenir simples ! la finesse est si sotte ! la méfiance si visionnaire ! la ruse souvent si niaise et toujours si voisine de la fourbe ! Croyez-moi, redevenons simples pour être moins trompés, et confians et bons pour ne jamais tromper. Ce n'est qu'ainsi que nous pourrons être heureux et forts. Nos divisions, nos pointilleries, nos soupçons éternels, nos vengeances cruelles, nos implacables représailles, nos ressentimens en permanence nous supplicient tous et nous déshonorent. Nous ouvrons ainsi l'enfer aux patriotes et l'élisée aux aristocrates. Nous donnons vraiment les joies du paradis à tout ce qui n'est pas républicain. Ces gens là voient bien que nous jouons leur jeu. Ils n'ont plus qu'à nous laisser faire. Ils ont cependant la bonté de nous aider, pour hâter la besogne, et si nous n'y prenons garde, ils la finiront en effet. On ne peut se dissimuler que depuis long-temps ils ont redonné à tout, le ton, la couleur et la forme qui leur conviennent et les servent. Ils ont réveillé dans les cœurs ce qui y restoit du vieil homme. Chaque jour ils y réchauffent ce levain. Ils réparent et applanissent avec beaucoup de soin et d'art, sur le terrein même du pauvre comme sur celui du riche, les pentes un peu dégradées qui mènent au vaste gouffre de l'aristocratie. Ils en veulent beaucoup à la souveraineté du peuple et à l'égalité des droits. Ils sentent bien que ces deux fléaux ont tout dérangé. Nos représentans voient cela comme eux, mais d'un autre œil et sans déplaisir ; ils savent que leur mission est de maintenir, en l'ordonnant mieux, *ce dérangement*. Il n'y aura donc rien dans la constitution, telle qu'ils la veulent, de contraire à ces vérités éternelles. Le peuple est tellement imbu et pénétré des principes démocratiques de sa constitution ; on a si vivement senti le devoir et le besoin de la lui conserver ; on s'est si solemnellement et si fréquemment engagé de la maintenir ; on a tant répété qu'il restoit seulement à la perfectionner selon l'esprit de ses principes, et à la mettre en état de marcher par le secours de loix organiques concordantes avec cet esprit, qu'on doit être bien assuré que le projet qui va être discuté ne renferme rien, quant au fonds, qui n'y ait semblé conforme. Il m'a paru cependant qu'il s'y étoit glissé des erreurs graves sur des points fondamentaux. J'essaie de les relever dans le reste de cet écrit.

RÉFLEXIONS GÉNÉRALES.

Ce n'est pas le gouvernement, ce n'est pas l'établissement politique qu'on a le dessein ou qu'on forme le vœu de rendre ou de voir un jour démocratique parmi nous. Proposer à 25 millions d'hommes, répandus sur un territoire de 30 mille lieues quarrées, et formant un seul et même peuple, de se gouverner démocratiquement, seroit une bien étrange pensée. L'absurdité en est sensible, parce que l'impossibilité en est évidente. Ce qui doit être et sera sans doute démocratique, ce seront les vérités premières, hautement proclamées, et reconnues le véritable et seul fondement de toute association légitime ; ces vérités éternelles vivent dans tous les cœurs, et seront reproduites et consacrées dans la déclaration des droits : ce qui sera démocratique encore, ce seront les premières et indestructibles assises de l'édifice constitutionnel, et l'esprit universel de nos institutions et de nos lois. Ainsi, d'abord, l'on reconnoîtra solemnellement et nettement l'égalité des droits pour tous, la souveraineté inaliénable et intransmissible du peuple, l'irrévocable suprématie de la volonté générale, pouvoir unique et sacré, et qui ne peut jamais être suppléé ni représenté : voilà ce qu'il n'est plus possible de méconnoître, ni permis de dissimuler. Voilà ce qu'il faut éternellement respecter et préserver de toute atteinte. Il sera facile de découvrir ce qui tient inséparablement à ces premières données, ce qui en découle et doit les affermir, ce qui en est la conséquence naturelle. C'est-là que sont, c'est de là qu'on fera sortir les principes sur le droit individuel de suffrage, de vote et d'éligibilité pour tous ; sur la pleine liberté d'élections ; sur l'indépendance dont jouissent de droit les diverses portions du souverain réunies en assemblées primaires, sur les droits imprescriptibles et *incessibles* du peuple, de sanctionner les projets de constitution et de lois, de changer ou réformer l'une et les autres, de nommer ses magistrats ; sur la liberté illimitée de la presse ; sur le droit illimité de pétition ; sur le droit de se réunir où et quand il le trouve bon, paisiblement et sans armes, en sociétés fort bien appellées populaires, pour y former un centre de rapprochemens fraternels et de communications civiques, un foyer de lumières, un moyen de bon accord et de sage concert, une école à la fois primaire et normale, de renseignemens utiles, d'instructions familières et de discussion franche, qui le tienne en mesure et à portée de ce qu'il doit savoir, surveiller, connoître, pour que la volonté générale, se composant ainsi de ses véritables élémens, puisse en effet se former, se développer, se manifester ; et qu'ainsi connue, il soit moins facile de la corrompre,

de la supposer , de l'éluder ou de la mépriser. . . . S'il en
est ainsi , la volonté générale l'emportera presque toujours. Elle sera souveraine de fait , comme elle l'est de
droit ; et voilà toute la démocratie dans ce qu'elle a de
meilleur et de moins abusif. Si , au contraire , toutes ces
choses ou seulement quelques-unes de ces choses nous
étoient enlevées , le peuple seroit trop facilement trahi.
Quant au surplus , et dans la bonne hipothèse , notre gouvernement , il est vrai , notre établissement politique sera
forcément aristocratique ; il ne peut pas ne pas l'être.
Mais cette inévitable aristocratie de gouvernement sera
sage et bonne. Elle sera élective ; toutes les places et
fonctions seront confiées à tems. Tous les fonctionnaires ,
sans exception , seront responsables. Le choix du peuple
sera toujours entièrement libre en lui-même et dans son
application ; ou , s'il est jugé indispensable qu'il soit res-
treint en ceci , il le sera le moins possible , et cela d'après
les règles , toujours variables à sa volonté , qu'il se sera
lui-même imposées par ses loix ; et ses choix , communé-
ment bons , le deviendront davantage chaque jour , en
admettant tout ce que j'ai posé , parce que l'esprit public
composé d'idées saines , nourri de principes et de vérités ,
seroit simple , vigoureux et pur. Il me semble que rien
de ce que je dis là ne peut être sincèrement contesté.
Toutes fois la commission des onze y a mis de fortes
modifications , et je sens ce qu'on doit de confiance aux
intentions des membres qui la composent , et de déférence
à leurs lumières. Mais ce sentiment ne peut me donner
d'autres yeux ; je ne puis pas non plus , sur un pareil sujet ,
faire le sacrifice de mon opinion ; je l'expose , sauf à la
soumettre aussi-tôt qu'une opinion opposée ou différente
sera devenue le vœu national. Je passe à l'examen de quel-
ques-uns des titres du projet de constitution.

Déclaration des droits.

L'égalité n'y est qu'une maxime incomplette et sèche. L'on regrettera sur-tout de n'y plus voir l'heureuse et touchante transformation de la domesticité, que la loi refusoit de reconnoître, en naturel échange de soins et de reconnoissance. La liberté y est mieux et plus franchement définie. Mais ne cherchera-t-on pas, sans l'y retrouver, le droit premier de la nature, le droit imprescriptible de résistance à l'oppression, sauve-garde unique de la liberté contre le pouvoir qui viole ou enchaîne la loi? Que sont devenus et le droit de pétition dans sa force et son étendue; et le droit du malheureux et du pauvre aux secours publics, au travail et au pain; et le droit de tous à une instruction suffisante mise à la portée de chacun; et le droit que rien ne supplée, de former ces réunions civiques dites sociétés populaires, sans le secours desquelles une nombreuse portion du peuple ne sera jamais bien instruite sur ce qu'il lui importe de bien connoître et de bien juger; et le droit de chaque section du souverain réunie en assemblée primaire d'exprimer ses vœux et ses pensées avec une entière liberté; et le droit continuel du peuple de revoir, réformer ou changer sa constitution et ses lois?, etc. Il me semble que tout cela pouvoit obtenir une place dans la déclaration des droits de l'homme et du citoyen. A-t-on bien fait aussi d'en effacer la belle et juste définition des fonctions publiques, et même encore cette maxime toute républicaine, telle qu'eût pu la concevoir l'ame de *Brutus*, qui énonçant un droit et un devoir, étoit tout ensemble une exhortation, un vœu, un précepte, une sanction? — *Que tout individu qui* USURPEROIT *la* SOUVERAINETÉ, *soit à l'instant mis à mort par* LES HOMMES LIBRES ! —

N'y aura-t-il jamais des *César* et des *Grisler*? Est-il inutile de leur préparer des *Tell* et des *Brutus* ?

Titre II. *Etat politique des citoyens.*

Le titre II de l'acte constitutionnel porte directement et fondamentalement atteinte au premier des droits sociaux, source à la fois et préservatif des autres, au droit de cité. On veut le soumettre aux quatre conditions suivantes : *savoir lire, savoir écrire, avoir appris une profession mécanique, payer une contribution directe quelconque.* Ce sont-là, si je ne me trompe, autant d'avantages : dans quel sens pourroient-ils devenir des devoirs dont on pût prescrire l'accomplissement sous peine de privation d'un droit que ces accessoires ne peuvent pas plus trans-mettre à celui qui ne l'a pas, que détruire ou infirmer dans celui qui l'a? Le droit de cité, le droit d'être reconnu membre effectif d'une association dont je suis une por-tion réelle, du corps politique dont je fais partie inté-grante, est un droit de tous points essentiel, dérivant de la nature même du contrat social, sans autre condi-tion que celle de ne pas violer le contrat. Ainsi donc, comme la saine logique et la nature des choses sont indé-pendantes de tout pouvoir, je déclare que le peuple sou-verain lui-même n'a pas en rigueur le droit de sanctionner de telles dispositions.

Titre III. *Assemblées primaires.*

On a vu dans le précédent titre, quel respect on porte au contrat d'association : on a vu combien l'on y méconnoît le premier droit acquis par tous les con-tractans, et à quels caractères on le signale et l'on prétendroit l'attacher : on a vu que le droit de cité, d'essentiel et fondamental qu'il est, devenu fictivement la dépendance de je ne sais quels attributs fortuits et secondaires, ne seroit plus rien pour la majorité de ceux qui formèrent et forment encore la cité même : on a vu que, pour soumettre l'homme à l'homme, on le diviseroit d'abord en deux espèces, réputées inégales en droits, sauf les subdivisions, qui viendroient assez chacune dans leur tems. Il est sensible que dans ce système, sur de telles données, et par une progression naturelle de dépravation et de folie toujours croissante, l'espèce infime, par laps de tems, ne présenteroit plus un jour, qu'un troupeau d'esclaves et de véritables serfs ; ce seroient des bœufs, des chiens, des chevaux, des mulets, moins libres que ceux-ci cependant, plus maltraités, moins soignés, plus mal nourris, et sur-tout moins assurés de l'être ; mais, ainsi que l'a dit l'écrivain que nous avons déjà cité, il leur resteroit la ressource de VIOLER *les lois, sauf à être pendus !....* Quoiqu'il en soit, tous citoyens, et ce sera le plus grand nombre, qui ne pourront satisfaire aux conditions ci-dessus rétracées, cesseront d'être citoyens ; les autres formeront par canton une ou plusieurs assemblées primaires, selon leur nombre, composées de ceux qui y résideront depuis un an : cette dernière clause est encore de rigueur ; ceux-ci sans doute recevront la mission de dégrader la majorité dont nous avons parlé : mais voyons comment on les traite eux-mêmes, et ce qu'on va faire de ce nouveau corps de citoyens, de cette élite qu'on met à la place du peuple, et qui sans doute aussi lui sera substituée dans ses droits, puisqu'elle forme seule la nation. On la qualifie de souveraine, mais on l'assujétit à ses mandataires, et, dans ses assemblées primaires, infiniment rares d'ailleurs, elle n'est plus que l'instrument et l'agent à-peuprés passif de l'exécution de leurs volontés : elles ne s'assemblent qu'en deux cas, l'un éventuel, pour les sanctions dont il sera parlé, l'autre à des époques fixes pour les élections prescrites : ces deux cas restent indépendans de son propre vouloir. Voyons dans l'un et l'autre, ce qui lui est enjoint, ce qu'on lui passe, ce qu'elle ne pourra plus ; et si, ne voulant pas qu'elle soit souveraine, ou lui laisse au moins une raisonnable latitude dans l'exercie des fonctions qu'on lui confie, et pour l'accomplissement des devoirs qui lui seront imposés. Et d'abord, relativement à l'adoption ou rejet, soit de la constitution, soit des réformes qu'on lui proposeroit d'y faire, ce qui est *enjoint*, c'est de dire oúi ou non. Ce qui est *défendu*, c'est d'ajouter un seul mot, oui ou non, sèchement et sur le tout, sans discussions ni divisions aucunes, voilà le thême. Ce qui est permis, ce qu'on lui *passe*, c'est, pour chaque assemblée, de faire sa police, à quelques restrictions près ; voilà tout ce que devra et pourra faire le nouveau souverain, très-rarement encore, sur l'objet le plus intéressant, le plus essentiel, sur celui dont tout dépend. Le peuple au reste, quoiqu'il puisse arriver, n'a jamais le droit de se réunir spontanément en assemblées primaires, ni d'en exiger la convocation, ni de déterminer les points sur lesquels on prononcera ; tous ces droits-là, comme tant d'autres, passent à ses premiers mandataires ; ils n'auront plus que la peine de lui préparer des fers, et de les river plus fortement chaque jour, par les réformes même qu'ils lui feront adopter. Passons au second cas. Cette autre réunion des assemblées primaires aura pour objet *les élections qui leur appartiennent suivant la constitution ;* car la constitution leur en enlève de très-importantes, qui ne leur en ap-

partiennent pas moins essentiellement : ils ne pourroient pas même disposer du reste selon leur vœux,
parce qu'on établit des conditions qui circonscriroient
les choix, déplaceroient la confiance, et dont l'infail-
lible produit seroit une aristocratie de richesses et de
fonctions publiques. Suivons en effet cette nouvelle
échelle de fonctions publiques que nul éligible ne pourra
monter qu'en s'arrêtant à chacun de ses degrés, et
voyons où cela conduit ; le premier ne présente que
des fonctions non salariées, à l'exception de celles de
juge de paix ; ainsi, par cela seul, l'indigent, le
pauvre, l'homme de peine, tout travailleur sans exception, tout citoyen qui ne peut donner son tems, parce
qu'il vit du prix qu'il y met, tout citoyen même ne
jouissant que d'une médiocre aisance et d'un modique
superflu, enfin, les neuf dixièmes au moins sont à-peu-
près exclus de ce premier degré, et par conséquent,
de toutes fonctions publiques ; cela révolte : le choix
du peuple est resserré d'autant, et au profit des riches,
cela n'est ni utile ni juste ; poursuivons : les fonctions
du second degré sont salariées, mais *elles ne peuvent
être déférées qu'aux citoyens qui ont, pendant* DEUX
ANS, exercé l'une de celles du premier degré ; seconde
entrave à la naturelle indépendance des choix, seconde
chaîne dans le plus libre des actes, seconde et énorme
mutilation dans le corps des citoyens admissibles aux
fonctions publiques, et toujours au profit du riche, et
qui pis est, d'un riche déjà favorisé, déjà orgueilleux
d'un premier choix ; véritable et bien funeste privilége.
Enfin, *les citoyens qui, pendant* DEUX ANS, *ont
exercé l'une des fonctions publiques du second degré,
sont seuls éligibles aux corps législatifs :* ici la presque
totalité du peuple disparoît, et le choix porte et se

resserre

resserre sur une petite association de riches et superbes candidats déjà deux fois élus : cela ne peut être souffert. Il est très-remarquable que l'on n'admette d'exception à cette nécessité de passer par les deux premiers degrés de fonctions publiques pour devenir admissible aux corps législatifs, qu'en faveur de certaines classes de fonctionaires, qui ne peuvent guère cependant être les hommes du peuple ; d'abord, comme n'ayant pas été nommés par lui, ensuite, par la nature même de leurs commissions particulières ; il leur suffira de les avoir exercées pendant six années pour devenir éligibles au corps législatif. Je n'en ai point assez dit sur tant d'éliminations à opérer dans la masse des éligibles pour la réduire au petit corps des primats nationaux, au premier ordre des privilégiés. Si l'on est tenté de faire par apperçu le dénombrement de cette nouvelle caste, voici les dernières données : il n'y faudra comprendre que ceux qui, ayant satisfait aux premières, pourront en outre remplir celles-ci.

Conseil des anciens.

N'avoir pas moins de quarante ans, être marié ou veuf, posséder depuis une année au moins une propriété foncière quelconque ; être, au moment de l'élection, habitant et résidant sur le territoire de la république depuis quinze années consécutives.

Conseil des cinq cents.

N'avoir pas moins de trente ans, posséder depuis une année au moins une propriété foncière quelconque, être, au moment de l'élection, habitant et résidant sur le territoire de la république depuis dix années consécutives.

B

Tout cela posé, je doute que l'on puisse évaluer à une proportion plus forte que celle d'un sur dix mille, le nombre de personnes sur lesquelles les assemblées primaires auront un jour à porter leur choix pour la composition du corps législatif. Voilà bien évidemment une nouvelle caste, beaucoup moins nombreuse, beaucoup plus distinguée et bien autrement privilégiée que ne purent jamais l'être celles dont l'existence a été jugée inconciliable, je ne dis pas avec les principes d'égalité, mais encore avec ceux de toute société supportablement ordonnée. Ajoutez encore que, pour le triomphe plus complet et plus sûr de l'intrigue et de l'opulence, il est expressément enjoint aux assemblées primaires de faire *toutes leurs élections au scrutin secret*, c'est-à-dire, au scrutin des lâches, des traîtres et des fripons ; au scrutin qui fournit aux fripons l'occasion et le moyen de devenir traîtres sans cesser d'être fripons ; et aux traîtres, de devenir fripons sans cesser d'être traîtres ; au scrutin le plus favorable à la brigue et à l'obscur complot ; au scrutin comme doivent l'aimer les intrigans qui ourdissent des trames, les ambitieux qui payent, et les bas coquins qui veulent être payés.

Voilà, d'après le projet de constitution, tout ce que le peuple souverain a le droit de faire, et voilà comment il doit le faire. On voit qu'il ne gênera pas beaucoup ses gouverneurs, qui ne tarderont pas à être entièrement ses maîtres. Et pour lui ôter l'espérance, ou le préserver du malheur de rentrer follement dans l'exercice des droits qui pourroient encore lui sembler imprescriptibles, il est formellement déclaré, que *ce qui se feroit dans une assemblée primaire* au-delà de *l'objet de sa convocation, et contre les formes déterminées par la constitution, est nul !!* On ne peut se jouer plus gaîment du souverain, ni l'enchaîner plus étroitement. D'une part, cet article le soumet à ses mandataires ; car, à ceux-ci, exclusivement, est donné le droit de fixer *l'objet de la convocation* ; et de l'autre, il le rend irrémédiablement esclave, si son esclavage est en partie l'effet ou la conséquence de ces *formes* mêmes dont il lui est interdit de s'écarter, et que cependant il ne pourroit abolir sans cesser, pour cela du moins, de s'y conformer, etc. Ne négligeons pas d'observer que le peuple est dépouillé du droit et de tout moyen de surveillance et de nomination quant aux finances, aux armées et au pouvoir exécutif. Percepteurs, régisseurs, receveurs, commissaires de la trésorerie, commissaires de la comptabilité, jurés pour l'examen des comptables, généraux, officiers, commandans quelconques, membres du directoire exécutif, agens généraux d'exécution, etc. rien de tout cela n'est nommé par lui, tout cela est entièrement hors de sa dépendance, tandis que le directoire exécutif surveille, au contraire, dirige, influence, par des commissaires *ad hoc*, dont la nomination lui est attribuée, toutes les opérations des divers officiers nommés par le peuple, administrateurs de département ou de commune, juges civils et criminels, etc. etc.

Titre IV. *Du pouvoir législatif.*

Ce titre IV du projet de constitution consacre une véritable usurpation dans le fait et dans le langage. — *Au corps législatif*, y est-il dit, APPARTIENT *l'exercice de la* PUISSANCE LEGISLATIVE. — Et en effet on la lui donne. Je dis que par ce point seul de la constitution, on *dissoudroit l'état*, comme l'a très-bien prouvé Jean-Jacques. Un tel renversement de principes tueroit le corps politique, dont la véritable vie est le pouvoir législatif, de telle sorte qu'il périt au moment où ce pouvoir lui est enlevé, et qu'au milieu de la grande association desséchée dans ses racines, et désunie dans tous ses liens, on ne verroit plus que le corps usurpateur qui, régnant sur des sujets, feroit régir par ses officiers, qu'il appelleroit gouvernement, un troupeau d'esclaves. Non, le peuple ne peut pas déléguer, même en *exercice*, *la puissance législative*. Le droit de porter des lois ne peut être aliéné, même passagèrement, par le souverain. Ce droit est intransmissible, parce qu'il forme le caractère essentiel du souverain qui n'est plus aussi-tôt qu'il s'en dépouille. Ce droit est évidemment incommunicable, parce qu'on ne pourroit le recevoir et l'exercer, si l'on n'acquéroit en même tems, ce qu'il seroit absurde de prétendre et impossible d'admettre, le titre qui le fonde, la condition qui le ratifie, la propriété qui en est inséparable, je veux dire, l'intérêt continuel, la capacité constante, l'immuable et naturelle détermination de reconnoître et de proclamer la volonté générale, car elle seule doit régner, et la loi n'est que son expression. Aussi Jean-Jacques a-t-il dit avec beaucoup de raison, que *la volonté ne se représente pas*, parce qu'*elle est la même, ou qu'elle est autre*. Mais si elle est la même, ce n'est pas sa représentation, c'est elle en effet; si elle est autre, ce n'est ni elle ni sa représentation, c'est tout simplement autre chose. Or, ce n'est pas cette autre chose qui est la loi; et comme le souverain doit seul et peut seul reconnoître et déclarer ce qui est ou n'est pas cette volonté générale, il suit qu'il n'y a pas de loi là où manque la sanction du peuple. Si donc ce que vous appellez loi dans votre projet de constitution n'est point soumis à l'examen du peuple, si les résolutions délibérées et arrêtées par le conseil des Cinq-cents, et, sur sa proposition, discutées et adoptées par le conseil des Anciens , forment à l'avenir tous nos codes sans la participation du peuple et sans le sceau de son acceptation , je dis que nous n'aurons plus de lois , mais de simples opinions ; et qu'à cette soumission légitime et généreuse à la volonté de tous , qui honore les citoyens libres , il nous faudroit substituer l'asservissement à une volonté particulière qui avilit l'homme. Je dis que vouloir reconnoître dans une telle volonté le saint caractère de la loi, et lui en attribuer la puissance , c'est constituer un véritable despotisme ; c'est substituer la représentation au représenté dans ce que le représenté a seul droit de faire ; c'est l'exclure dans l'acte même où il ne peut être suppléé , dans la déclaration de sa volonté ; c'est faire des délégués du souverain pour la préparation des lois le souverain lui-même qui les donne ; c'est, autant qu'il est en vous , anéantir celui-ci pour mettre les autres en état d'usurpation et de haute forfaiture. Quelle est en effet leur mission ? Elle est d'apporter tous leurs soins à étudier et bien connoître la volonté générale pour en offrir l'expression au souverain qui la consacre par sa sanction si cette expression lui paroît fidèle. Mais cette volonté générale dont il les constitue , en quelque sorte , les investigateurs , dont ils deviennent ainsi les interprêtes avoués et présumés bons, ils n'en sont ni les organes infaillibles , ni les déclarateurs indépendans et suprêmes ; ils n'ont à cet égard qu'un droit de proposition. Ils délibèrent et rédigent des projets de loi que le peuple ensuite adopte ou rejette. Ils n'ont pas d'autre mission ; là s'arrête leur pouvoir. S'ils font un pas de plus , ils prévariquent, ou plutôt ils usurpent. Ils franchissent, sans pouvoir les déplacer , des limites invariables que nul acte constitutionnel ne peut leur donner le droit de transgresser ; ils renversent la législation en la mettant hors de sa base , ils en violent

A 3

le principe fondamental , ils la détruisent , et par elle le corps politique ; car , là où ce n'est pas le souverain qui prononce et sa volonté qui règne , il n'y a plus de véritable association , il n'y a que des valets et quelques maîtres , une multitude d'esclaves et une poignée de tyrans. Ce point seul du projet de constitution , je le répète , frappe au cœur le corps politique , en bouleverse les rapports , en détruit l'harmonie , en délie les membres et porte le coup de la mort à tous nos droits. S'il est consenti , nous ne sommes plus un peuple , nous sommes un tronpeau.

Ce seroit déjà , comme on le voit , une effrayante institution et tout-à-fait iconciliable avec la liberté publique , que celle d'un corps qui commanderoit aux lois , et dont nul contre-poids ne pourroit contenir ou balancer l'excessive puissance ; mais , ce contre-poids même , rassurant au moins tout insuffisant qu'il pût être , on n'y a seulement pas songé ; le projet n'en présente aucun. Ce corps , qui commande aux lois , commande encore aux hommes. Le directoire exécutif , choisi et nommé par lui , comptable et responsable devant lui , ne pouvant , sur tout ce qui est relatif à sa gestion , être mis en état de prévention , ni accusé , ni traduit devant la haute-cour que par le corps législatif , ni jugé que sur l'acte d'accusation que ce corps rédige ; le directoire , ai-je dit , qui ne tiendra rien du peuple et n'en aura rien à craindre , n'aura garde de le servir contre le corps dont il aura reçu sa délégation, et dont il redoutera la vengeance. Observez, d'ailleurs, qu'avant peu tous ces hommes là seront coalisés entr'eux comme membres de la petite caste des primats exclusifs. Ce n'est pas tout encore , et pour que cette monstrueuse puissance soit plus assurée de tout écraser avec facilité, l'on veut établir constitutionnellement la permanence effective et l'existence continue d'un corps législatif toujours le même, toujours identique en quelque sorte au milieu de ses renouvellemens. Dans cette vue, on propose de le renouveller seulement par moitié tous les deux ans, ce qui porte à quatre la durée des fonctions de chaque député, qu'on peut immédiatement reélire pour quatre nouvelles années, afin de le maintenir en place pendant huit ans. Alors, une sorte de suspension, ou, si l'on veut, de congé forcé, lui donne un repos de deux années, pendant lesquelles rien ne l'empêche de se tenir au courant; et, s'il est un personnage, de suivre ou tenir le fil des projets et de la grande intrigue; après quoi, redevenu éligible, rien n'empêche qu'à cette reprise de son règne, il n'obtienne aussi, comme dans son premier cours, la faveur de la reélection : ce qui, sur dix-huit années, le fait législateur et maître pendant seize ; de manière que d'avénemens en relâches, et de relâches en avénemens, il régnera quarante ans sur quarante-huit. Cela même ne sera pas très-rare, attendu le sage resserrement de la caste des éligibles.

On conviendra, je l'espère, que ce système est de beaucoup préférable à tout ce qu'on connoît en ce genre. Rien n'est mieux entendu. C'est ainsi que l'on prépare, c'est ainsi que l'on mène à sa fin un véritable plan d'aggrandissement et de conduite, un système de tyrannie inébranlable et d'universelle usurpation.

Sur ce qui précède, on a dû juger que le corps législatif, soit qu'il discute ou qu'il prononce, qu'il porte des lois, ou donne des décisions, ou prescrive des règles, ordonne ou fasse ordonner des mesures, aura peu besoin de la présence du peuple, et se passera bien aussi de ses conseils, de ses réclamations, de sa censure, de son active et constante surveillance ; mais si tout cela devoit peu lui servir, cela pourroit nuire ; il falloit s'en garer, on n'y a pas manqué ; et d'abord, sous les prétextes connus, et dans le style de la chose, on se débarrasse de la *publicité* des séances : on s'en débarrasse, car une poignée d'intriguans, de flatteurs et d'avoués, ne sont pas le public (1). Voilà donc les chefs d'opinion, les affidés, les sous-meneurs, les ambitieux, les intriguans, les traîtres, toutes les diverses sortes d'ennemis du peuple et de la liberté, mis à leur aise, exempts de tout frein en discutant comme en délibérant.

Les journaux, il est vrai, pourroient tout dévoiler, et suppléer ainsi au défaut de la publicité des séances. Mais la grande masse ne les lit point ; il est d'ailleurs une infinité d'observations, de notions et de détails de tout genre, que nul journal ne peut transmettre et communiquer à celui qui n'a vu ni entendu. Et qui ne sent enfin que, dans un tel ordre de choses, il n'y a plus à compter sur la véracité d'aucun journaliste! Le public, à cet égard, ne connoîtra donc ni les hommes ni les choses, et sera perpétuellement abusé. D'autre part, les assemblées primaires ne peuvent se former spontanément, ni être réunies sur le vœu du peuple ; l'autorité qui les convoque à des époques marquées, ou pour des points convenus, fixe l'objet de la convocation dont elles ne peuvent s'écarter, et les formes auxquelles on les assujettit : on a vu d'ailleurs à quoi tout cela se réduit,

____

(1) L'audience sera fermée, quand elle sera complette, dans la proportion d'un assistant sur deux législateurs : ce qui donnera deux cents cinquante personnes pour les tribunes ou galeries du conseil des Cinq-cents, et cent vingt-cinq pour celles du conseil des Anciens. c'est l plus haut terme. *Les assistans, est-il dit, ne peuvent excéder en nombre la moitié des membres de l'assemblée.*

quelle est leur passivité, leur nullité, leur scandaleuse impuissance.

De ce côté donc encore, nulle inquiétude à concevoir ; les assemblées communales sont encore plus rassurantes. En troisième lieu, la liberté de parler et d'écrire sera soumise à des lois qui l'enchaîneront ; le titre dernier du projet de constitution est formel sur ce point. Et d'ailleurs, quelle liberté d'écrits et de paroles peut-on raisonnablement se promettre sous l'oppression d'une puissance sans limite ? En quatrième lieu, le droit de se former en sociétés populaires d'une véritable utilité est contesté. On n'a eu garde d'en faire un des articles de la déclaration des droits de l'homme et du citoyen ; on ne vouloit pas que ce fut un droit.

Ce n'est pas même une des concessions du projet de constitution, où l'on n'en parle, ainsi que de la liberté de la presse, que pour les détruire en quelque sorte, pour dégrader et dépraver l'esprit de force et de courage, de franchise et de zèle public, qui doit animer leur nécessaire surveillance, pour appauvrir leur salutaire influence, isoler et neutraliser leurs moyens, anéantir en un mot toute leur efficacité par les limitations et correctifs que l'on articule ou qu'on indique, que l'on pose ou que l'on annonce. Ainsi donc, des séances sans publicité, des journaux imposteurs vendus à l'autorité, des langues paralisées, des plumes enchaînées, des assemblées primaires assujetties, des assemblées communales plus nulles encore, et n'offrant que l'idée d'un bureau de scrutin : voilà, contre les excès de la plus énorme des puissances, toutes les sauve-gardes de la liberté publique. Je cherche le peuple dans ce projet de constitution, je ne le trouve nulle part. Je me demande où est le souverain ; je ne puis le découvrir. Ses mandataires sont ses maîtres. Les ministres de son pouvoir sont hors de sa dépendance. Les fonctionnaires du peuple ne sont plus surveillés par lui... Et cependant, voyez comme ils paroîtroient le redouter encore ! voyez, au moins, combien vivement ils s'allarment de l'influence qu'on pourroit exercer par lui !

Il m'est impossible d'expliquer autrement l'étrange passage du projet de constitution que j'ai sous les yeux en ce moment. Je ne puis le rattacher à aucun autre motif. Je veux parler des huit derniers articles du quatrième paragraphe du titre IV. L'on voit le conseil des Anciens exerçant avec le plus irrésistible empire, par tous les moyens extrêmes, absolus, inopinés, soudains, et sous la responsabilité capitale de tout ce qui doit le servir de son zèle, de son obéissance, de sa promptitude, le plus dangereux, le plus inoui des pouvoirs. Il suspend de fait, subitement, par un *décret irrévocable*, le corps législatif dans l'exercice de ses fonctions ; il l'arrache forcément du lieu de sa résidence ; il le transporte forcément et sans délai dans le lieu qu'il lui a plu d'indiquer par son décret. Je ne puis envisager cette mesure extrême et énormément abusive, que comme un moyen préparé d'avance pour le conseil des Anciens, d'échapper à l'empire que le conseil des Cinq-cents pourroit exercer par la popularité acquise dans le lieu de leur résidence, ou de soustraire le corps législatif lui-même ou ses délibérations à l'influence ou aux attentats des dominateurs ou des factieux. Mais, dans l'un comme dans l'autre cas, c'est afficher à l'avance une étonnante méconnoissance de la puissance du corps législatif, une grande défiance de soi-même et de ses propres forces, et une excessive méfiance du peuple. Et enfin, dans les deux hypothèses, il y auroit à répondre, d'abord, que les dispositions de la loi sont trop rigoureuses ; en second lieu, que

rien ne rassure contre le fréquent abus qui pourroit être
fait d'un pouvoir si capricieux et si excessif ; en troisième
lieu , que l'usage de cette mesure extrême est tout à fait
propre à produire un bouleversement pour peu de con-
trariété qu'elle éprouve , pour peu de résistance qu'on lui
oppose ; en quatrième lieu , que l'*irrévocable* et fatal
décret devroit au moins être motivé, et qu'il reste à jamais
inexplicable qu'on ait pu imaginer et conférer à une des
deux chambres ce droit de scission , de trouble et de renversement ; qualifier en outre d'attentat à la sûreté de la
république toute résistance , négligence ou lenteur à ob-
tempérer et exécuter , sans prendre seulement la peine de
spécifier ou désigner , indiquer même , au moins d'une
manière générale , les cas où l'exercice de cet inconcevable
droit devra être réputé constitutionnellement légitime ;
cinquièmement enfin , que si , voulant armer à l'avance le
conseil des Anciens contre l'abus possible de la popularité
tout-à-fait éventuelle du conseil des Cinq-cents , on a
jugé nécessaire de déposer aux mains du premier ce bran-
don de guerre civile toujours menaçant et prêt à partir, il
est bien étrange que cela seul n'ait pas dégoûté du sys-
tême , d'ailleurs si mauvais , des deux chambres : car vai-
nement on s'est efforcé de faire passer la chose en la dégui-
sant sous d'autres mots ; la chose perce , et c'est en effet
deux chambres qui s'offrent à nous. Leur nomination res-
pective par les assemblées primaires est séparée et distincte;
les conditions d'éligibilité ne sont pas les mêmes ; leurs
dénominations , non insignifiantes, diffèrent ent'relles ; le
nombre de leurs membres aussi , ce qui a bien une autre
importance , la moins nombreuse devant être par cela
seul , abstraction faite de ses autres avantages , maîtresse
de l'autre ; elles délibèrent toujours à part ; leurs fonctions sont diverses , et leur pouvoir très-inégal.

Le conseil des Cinq - cents est à-peu-près réduit aux prérogatives suivantes : 1°. de prendre , ou plutôt d'essayer des résolutions qu'il doit soumettre à l'épreuve du *véto* absolu du conseil des Anciens ; 2°. de lui présenter , pour la formation du directoire exécutif , une liste triple sur laquelle celui-ci fait son choix ; 3°. de mettre en état de prévention les membres de ce directoire. Le conseil des anciens a seul le droit de les décréter d'accusation ; c'est lui seul encore qui passe les lois ; c'est lui , toujours lui seul , qui a dans ses attributions et peut exercer directement la police et la surveillance de l'administration départementale et municipale de la commune où le corps législatif tient ses séances ; c'est lui seul enfin qui l'en arrache à son premier caprice , le suspend ainsi provisoirement , et selon sa fantaisie , dans l'exercice de ses fonctives, et le transporte à son gré par-tout et au moment où il le trouve bon. Il est sensible que le conseil des Cinq-cents , inférieur à l'autre par le caractère même de leurs attributions respectives , dépendant et subordonné dans tous les résultats définitifs, n'ayant guères que des initiations dont l'autre tient les décisions , fatigué bientôt des bornes qu'il ne peut franchir, des chaînes qu'il ne peut relâcher , voudra renverser les unes et briser les autres ; mais , ne trouvant pas en lui-même de quoi lutter avec avantage , ni même avec égalité , contre l'ascendant du pouvoir qui le bride , il se tournera vers son appui naturel , et voudra capter la faveur populaire , ce qui est toujours facile au corps qui *propose les lois* ; et comme le projet de constitution ne donne au peuple aucun moyen légal d'exercer ses droits et de faire sentir sa puissance , tout ce qu'il entreprendra , tout ce qu'on l'exciteroit à faire pour les recouvrer , sera traité de révolte ; et la force des choses le placeroit ainsi et le maintiendroit dans une disposition continuelle et prochaine à l'insurrection. Ajoutez que les deux conseils se disputeroient l'un à l'autre l'alliance du directoire exécutif, qui tireroit pour lui-même le plus grand parti de leur division. Je ne vois là que désordre, déchirement, anarchie.

Il est une seconde chance, non moins funeste; et, de ces deux, l'une ou l'autre me paroit inévitable : ce seroit le concert et le tyrannique accord des deux conseils, qui entraîneroit infailliblement l'accession du directoire, leur complice naturel comme tenant à la caste unique et privi-légiée, comme leur délégué responsable et en quelque sorte leur justiciable; enfin comme entrant alors en partage d'un pouvoir suprême sans responsabilité, sans limite et sans frein. Je laisse à penser quel écrasant despotisme résulteroit de cette formidable coalition ! On n'auroit jamais rien vu de tel.

Voilà ce que nous vaudroit l'adoption d'un établissement politique qui nous présente, d'une part, un peuple à-peu-près désaisi de sa souveraineté; et de l'autre, l'amalgame d'une chambre de monétaires avec une chambre de souverain, qui passe les lois et exerce par délégation le pouvoir exécutif. Je sais bien que, par le projet de constitution, il est prononcé et textuellement déclaré que le corps législatif *ne peut exercer, ni par lui-même, ni par des délégués, le pouvoir exécutif*; mais je vois aussi que par ce même projet, on fait réellement donner à ce corps le droit effectif de le faire *exercer* par des hommes, qu'à la vérité il ne peut pas destituer sans jugement, mais qu'il nomme à son choix, et qui sont ensuite comptables et responsables devant lui seul, accusables par lui seul. Si ce ne sont pas là des *délégués* positifs, dans toute la précision du sens entier de ce mot, c'est au moins quelque chose qui y ressemble on ne peut davantage , et assez sur-tout pour n'offrir au peuple qu'une garantie insuffisante , et pour justifier les allarmes de tout ami de la liberté.

T I T R E V. *Pouvoir Exécutif.*

Je ne prétends point discuter ici la question de savoir si le directoire exécutif , tel que nous l'offre le projet de la commission des onze , a ou n'a pas un effrayant pouvoir ; si sur-tout , on ne lui confie pas trop et de trop importantes nominations ; s'il est bon que ce directoire , investi d'une telle puissance , soit fixé au très-petit nombre de cinq personnes , ce qui , par l'accord ou le facile ensemble des volontés individuelles , présente l'imminent danger ou plutôt les inévitables désastres qui résulteroient d'une volonté de corps très-active et très-forte , en opposition à-peu-près constante avec la volonté générale. Je ne discuterai aucune de ces questions , d'abord , parce que leur solution dependante de combinaisons multipliées et vastes , se compose de résultats qu'on peut toujours contester ; en second lieu , parce que je vois ici deux questions premières à résoudre par les principes seuls , ce qui nous dispensera de nous occuper des autres. Les voici :

Le souverain peut-il vouloir qu'on délègue à quelques personnes exclusivement la fonction de nommer les membres de son gouvernement ?

Le corps , assez improprement nommé *législatif* (1) et qui , en rigueur , n'est qu'une branche de gouvernement ,

______

(1) Le pouvoir législatif , redisons-le sans cesse , est la qualité essentielle du souverain ; le droit de donner des lois , de passer et porter des lois , est en lui un droit incommunicable. Le travail , la rédaction , la présentation de projets de lois n'est pas la législation. Le *corps* propositeur de ces projets n'est donc pas un corps *législatif*

peut-il recevoir la mission de nommer les membres de l'autre partie du gouvernement essentiellement distincte et indépendante de la première dans l'exercice de ses fonctions ?

Première question. Le souverain peut-il statuer que la fonction de nommer les membres de son gouvernement sera déléguée ?

Le choix et la fixation du mode de gouvernement appartient, inaliénablement, au peuple souverain. Si l'on parvenoit à l'assujettir, contre son gré, à un mode de gouvernement, il ne scroit plus un peuple, il deviendroit une simple aggrégation d'esclaves, et celui ou ceux qui l'y auroient soumis, seroient maîtres. Que si, de lui-même, il se soumettoit, à tel mode de gouvernement que ce pût être, sans le connoître et le consacrer par son expresse sanction, il feroit en masse un acte d'enfance et de folie qui ne lieroit aucun des individus, il ne seroit pas un peuple, ni même un rassemblement d'hommes, il seroit en effet une multitude aveugle, une troupe de grands bambins montrant encore ses lisières, et docile sous la férule ; rendez-lui sa gouvernante et ses pédagogues.

Un peuple donc, s'il en est véritablement un et qu'il ne veuille pas cesser de l'être, n'aura garde d'abandonner à d'autres le soin de lui donner un gouvernement. Il exercera son droit naturel de choisir et fixer le mode selon lequel il veut être régi. L'acte par lequel il le détermine est évidemment un acte de souverain, une loi. Il doit être l'expression de la volonté générale, et il l'est ainsi. Quant à l'acte par lequel, en vertu de ce qu'il vient de statuer, il établit ensuite le gouvernement, le compose et en nomme les membres, ce n'est plus une loi, c'est l'exécution de la loi. Ce n'est donc qu'un acte de gouvernement, acte nécessaire et premier, préalable, indispensab'e , à défaut duquel aucun acte du gouvernement à établir ne pourroit avoir lieu. Ce premier acte est tel , soit en lu -même , soit à raison du moment où il est produit, qu'il ne peut être conçu sans admettre la trans-formation subite du souverain , ni exécuté que par le peuple même, qui, devenant alors son propre magistrat, opère en ceci démocratiquement , exécute sa propre loi, établit en un mot , au nom du souverain et comme son agent nécessaire, le gouvernement dont lui-même il avoit, à titre de souverain , déterminé l'espéce et le mode. Cette institution , comme on le voit assez , ne porte pas sur une convention passée entre le souverain et son gouvernement, elle ne devient point un contrat , elle est et reste une disposition de choses variable , une commission révocab'e à la volonté du souverain. C'est la théorie de Jean-Jacques, c'est aussi celle de la raison.

Mais le peuple , dans la formation de ce gouvernement voulu par le souverain , peut-il déléguer à quelques per-sonnes la fonction d'en nommer les membres ? Oui , sans doute , il le peut, si l'institution fut ainsi conçue et réglée par le souverain. Cela résulte des notions précédentes et des principes posés.

La formation du gouvernement arrêté, n'étant elle-même qu'un acte de gouvernement, elle est exécutable, dans le système et par les moyens que le souverain aura cru devoir prescrire. Il paroîtroit plus régulier, il est vrai, plus dans l'esprit des principes démocratiques, que le peuple fît lui-même un premier choix dans ses assemblées primaires ; et que d'après cette nomination générale qui nécessiteroit une réduction, le sort décidât de ceux qui de-vroient être définitivement promûs. Toutefois, comme il est bien difficile que , dans un vaste état, un peuple im-mense, nécessairement réparti en un très-grand nombre de

sections

sections qui, chacune, font leur choix à part, ne le dirige pas, dans un sens ou dans l'autre, sur quelques sujets indignes ou peu capables, que le sort peut ensuite favoriser, le dernier moyen ne paroît pas devoir être admis pour la composition d'un corps très-peu nombreux, dont ils feroient quelquefois la majorité, la totalité même. Ainsi donc, par exemple, et dans l'espèce particulière qui nous a conduit à faire ces recherches, il y auroit à conclure de ce qui précède, que le peuple ne devroit nommer son directoire exécutif que médiatement, par la voie d'électeurs qui recevroient de lui cette unique délégation.

Deuxième question. Le corps des mandataires du peuple, chargé par lui de *proposer des loix* et *rendre des décrets*, doit-il, peut-il nommer le directoire exécutif, chargé par le peuple de faire exécuter au nom du peuple les décrets et les loix ?

Voilà, je pense, le véritable état de la question, si l'on reste fidèle aux principes. Ainsi posée, elle est facile à résoudre : l'affirmative impliqueroit ; elle donneroit naissance à l'inévitable confusion de deux missions distinctes ; elle créeroit de l'une à l'autre un genre de subordination qui n'est pas dans leur nature. Le peuple qui départit ces deux grandes commissions entre lesquelles se divise et se partage tout le gouvernement ; le peuple qui classe à part leurs devoirs essentiellement distincts ; le peuple qui en fait l'objet de deux délégations diverses, égales sous le rapport d'une origine commune, les déclare par cela même respectivement indépendantes dans leurs fonctions propres et séparées, les soumettant l'une et l'autre à une seule et même dépendance : celle du souverain qui donne la loi. Ceux qui les exercent, restent également et uniquement responsables devant elle et devant lui. L'une de ces commissions, il est vrai, est d'un caractère plus relevé ; elle offre quelque chose de plus imposant ; mais l'autre , je le répète , a nécessairement la même origine : et ce n'est ni par la puissance , ni du fait , ni sous l'autorité de la première , qu'elle doit exister ni opérer : c'est par la puissance du peuple et sous l'autorité de la loi. S'il en étoit autrement , elle paroîtroit dériver et provenir de celle dont la formation dut être en quelque sorte identique et simultanée avec la sienne. On seroit tenté d'y voir une simple création de la première dont elle fut cependant la jumelle et la contemporaine ; elle lui resteroit tout-à-fait subordonnée en apparence , et sembleroit être dans ses appartenances ou un de ses appendices. Je ne parle ici que de ce qu'il y auroit de confus et de faux dans ces notions erronées. Je n'ai pas besoin de parler des dangers qu'entraîneroit une telle méprise. De deux choses l'une : ou le corps des mandataires subjugueroit le directoire dont il feroit son instrument , et l'on voit où cela conduit ; ou bien il y auroit lutte d'orgueil, d'irritation et de dépit entre ceux qui se sentiroient supérieurs , qui voudroient devenir prédominans et maîtres, et ceux qui refuseroient d'avouer ou de croire même qu'ils dussent être subordonnés et dépendans ; chacun sent assez ce qui résulteroit d'une semblable lutte. Il est donc plus politique et plus sage , comme aussi il est juste et régulier, de les laisser dans leur naturelle indépendance les uns des autres , tant sous le rapport de leur même origine , que sous celui de leurs inégales fonctions. Alors ils pourront aller librement , et tendre de concert au même but d'ordre et de bonheur public, dans les deux voies tracées et par les moyens divers mais correspondans qui leur sont confiés. Me résumant donc sur cette deuxième question , je conclus et j'opine que le corps, dit *législatif*, ne doit pas nommer les membres du directoire exécutif.

Il est bien entendu que n'envisageant ici le premier,
et n'appréciant la nature et l'étendue de ses fonctions que
dans les bornes de sa véritable mission , j'ai du supposer
qu'il proposeroit seulement la loi ; mais s'il la donnoit en
effet, et que ses déterminations non sanctionnées prenant
la place des loix véritables , le substituassent en ceci lui-
même au souverain, la thèse seroit à-peu-près renversée ,
et plus ce que j'aurois dit se fût trouvé exact dans l'hypo-
thèse légitime, plus il deviendroit inaplicable par la violation du principe. En effet , celui dont le devoir est de
faire exécuter est nécessairement soumis à celui dont le
droit est de *vouloir*. Si donc la mission et l'essentielle
fonction du corps législatif étoit , non de *proposer* mais
de *vouloir* , le directoire exécutif devenant alors son
porteur d'ordres et l'agent forcé de ses volontés transfor-
mées en loix , il n'y auroit plus de contradiction ni d'in-
convénient à ce qu'il fût aussi son délégué ; au contraire ,
ceci même seroit naturel et bon dans le système , sans le
rendre meilleur pour cela , mais seulement conséquent
et un.

Titre IX. *Instruction Publique.*

Si l'on ne fait à ce titre , un changement et une addi-
tion , l'un et l'autre essentiels , dans ce qui concerne l'é-
tablissement des écoles primaires , cet établissement qui
devroit être conservateur de l'égalité , va tourner à son
détriment. Il fait assez déjà pour le profit du riche
qui peut y trouver un moyen d'économie dans sa dé-
pense ; jusques-là cependant tout iroit bien , parce que
les habitudes fraternelles et communes s'y forment , et
que le sentiment d'égalité y gagne. Mais ce n'est pas
tout.

Les écoles primaires , telles qu'on nous les propose ,

offrent un nouvel avantage à celui qui a , exclusivement à celui qui n'a pas. Elles tendent à consacrer en quelque sorte pour le premier , une supériorité factice sur l'autre, et , dans ce qu'elles négligent de faire pour le besoin du pauvre , l'on découvre un bien triste résultat : c'est que celui-ci ne pourra pas être reconnu citoyen. En effet , cette qualité n'est avouée et ne passe qu'à la charge de *savoir lire ou écrire* ; or, comment apprendra-t-il cela , si même cette instruction n'est pas gratuite ; mais elle ne le sera pas , puisque *la république pourvoit uniquement aux frais du logement de l'instituteur.* J'observe de plus , que l'acte constitutionnel ne fixe aucune règle sur le *maximum* ou *minimum*, soit de population, soit d'étendue d'un arrondissement d'école primaire ; et dans le projet de loi qui est à la suite , il seroit déterminé d'en laisser la décision aux administrations départementales. C'est-là , sans-doute , sur un point majeur et d'intérêt national , une trop insuffisante garantie , quand elle n'est soutenue d'aucune donnée positive , d'aucun module ou régulateur constitutionnels.

On peut même, si tout cela manque, compter à l'avance sur l'insuffisance générale dans chaque département, de cette instruction obscure et nécessaire , et sur son inégale répartion. Les deux inconvéniens seroient graves. Il paroît donc nécessaire que ce *maximum* et ce *minimum* soient constitutionnellement posés. Il ne l'est pas moins que les instituteurs soient appointés *aux frais de la république*, car on ne veut pas exclure le pauvre de ces écoles , et cependant il se trouveroit exclu.

Titre X. *Finances.*

L'on a vu qu'une des conditions imposées à tout français avant de pouvoir être déclaré citoyen , seroit de payer une

contribution directe quelconque, foncière ou personnelle ;
j'ai dit assez, je ne dois pas répéter ici mon opinion sur le
fonds du système, mais je vois dans ses détails que pour
effectuer ce payement, il ne suffira pas de le pouvoir et
de le vouloir.

En effet, il ne sera pas toujours compris au rôle des
contributions personnelles, l'homme obscur qui en fera la
demande, et préalablement il lui faudra le consentement
positif de l'administration municipale ; c'est elle qui
décidera s'il y a lieu ou non de l'y faire inscrire, et qui
déterminera la somme à laquelle il doit être imposé. As-
surément cela ne seroit pas juste, même dans le système
des différentes classes d'hommes, avec la possibilité de
monter graduellement de l'une à l'autre. Ceux qui croient
juste et bon d'établir un tel système, conviendront au
moins qu'il ne l'est pas de concéder aux individus d'une
classe supérieure le pouvoir de décider si tel individu de la
classe immédiatemment inférieure, et ici de la classe des
nuls, peut-on non monter le premier cran pour se placer
à leur niveau. Car très-certainement il le chicaneront. Il
faudroit donc sur cela un prescript positif qui fut leur
règle commune, et qui, en établissant le droit de l'un,
ne lui rendît pas même nécessaire l'acquiescement des autres. Il y a plus encore dans le cas actuel ; cet individu,
qui demande à sortir de la classe des désavoués mis hors
de l'échelle sociale, n'aura pas affaire à de simples citoyens du plus bas dégré de cette échelle, mais à des
hommes qui occupant sur ce dégré la ligne des fonctionnaires publics, vont par cela même être élevés au second,
et prendre rang parmi les éligibles à de plus hautes places
qui peuvent seules leur ouvrir la dernière voie à la plus
haute, à celle de membre du corps législatif. Il est présu-
mable aussi que ces officiers municipaux seroient des ci-

toyens aisés , puisqu'ils auroient pu *donner* leur temps , et consentir à exercer des fonctions gratuites. Toutes ces considérations donnent lieu de craindre qu'ils ne fussent des juges bien difficiles , et , sous un régime d'inégalité , j'y vois autant de sources d'injustices , autant de motifs de partialité , autant de causes de répugnance de leur part, à admettre au rang de citoyens , ceux que leur indigence en eût d'abord fait écarter. Je conclus donc qu'il est indispensable que , sur ce triste débat chez un peuple libre , la loi prononce au moins et non pas l'homme.

Titre XI. *Relations Extérieures.*

La république française ne prendra les armes que pour le maintien de sa liberté , la conservation de son territoire , la défense de ses alliés. Art. Ier. Mais vraiment tous ces prétextes , le dernier sur - tout , mènent fort loin ; et il y aura peu de guerres qui n'y trouvent leur motif apparent ou vrai. Je ne dirai qu'un mot sur le titre entier. C'est que là , comme ailleurs , l'on ne voit pas bien nettement ce que le peuple auroit gagné , sous le rapport de sa souveraineté de fait , au renversement du trône. Tout se feroit encore sans lui. Cela est sur - tout sensible dans l'importante question de la guerre. On pourroit toujours mettre la nation en guerre et l'y maintenir sans l'aveu du souverain , et souvent , ainsi , contre son gré. C'est précisément cette bonne constitution révisée de 1791.

Dieu soit loué sur son heureux retour ! Le quintumvirat du directoire exécutif remplace en ceci le roi , le conseil des cinq cents est subsistué aux comités de l'assemblée législative , et le conseil des anciens , à l'assemblée elle-même ; celle-ci seulement ne nommoit pas les rois. Quant au souverain , c'est comme alors , on n'y songe pas , il est suspendu pour un tems indéfini.

T i t r e XII. *Révision de la constitution.*

Je ne puis que rappeller ici ce que j'ai déjà dit plus haut. Mais nul autre chapitre du projet ne présente aussi bien, ce me semble, le contradictoire précis de ce qui dé- vroit être ; nul n'est en opposition plus directe avec une des idées que fait naître son titre. Qui ne penseroit en ef- fet que chez un peuple libre ce seroit entre ses mains que devroient toujours être les moyens de commander la ré- vision de sa constitution ? On ne supposeroit pas au moins qu'il pût jamais se désaisir d'un droit qui n'est plus, aussi-tôt qu'il n'est pas le sien. Eh bien ! l'on se tromperoit en tout. Ces moyens et ce droit, pour le plus sûr affer- missement de la liberté publique et de l'égalité, passent aux mains de leur naturelle ennemie, de l'autorité qui gouverne et qui nécessairement abuse tôt ou tard. Ils sont confiés et prodigués à l'ambition vigilante et jalouse, à l'excessive puissance d'un corps permanent de primats nationaux Car j'ai suffisamment prouvé que, dans le systéme pro- pose, le corps législatif ne pourroit bientôt plus être autre chose.

Quoiqu'on puisse penser de cette dernière idée, on ne pourra nier au moins que ce seroit un véritable renverse- ment de choses, de faire passer du souverain à ses offi- ciers, du peuple à ses mandataires, le droit et le pouvoir de sanctionner les lois, de réclamer et commander la révi- sion de son acte constitutionnel.

F I N.

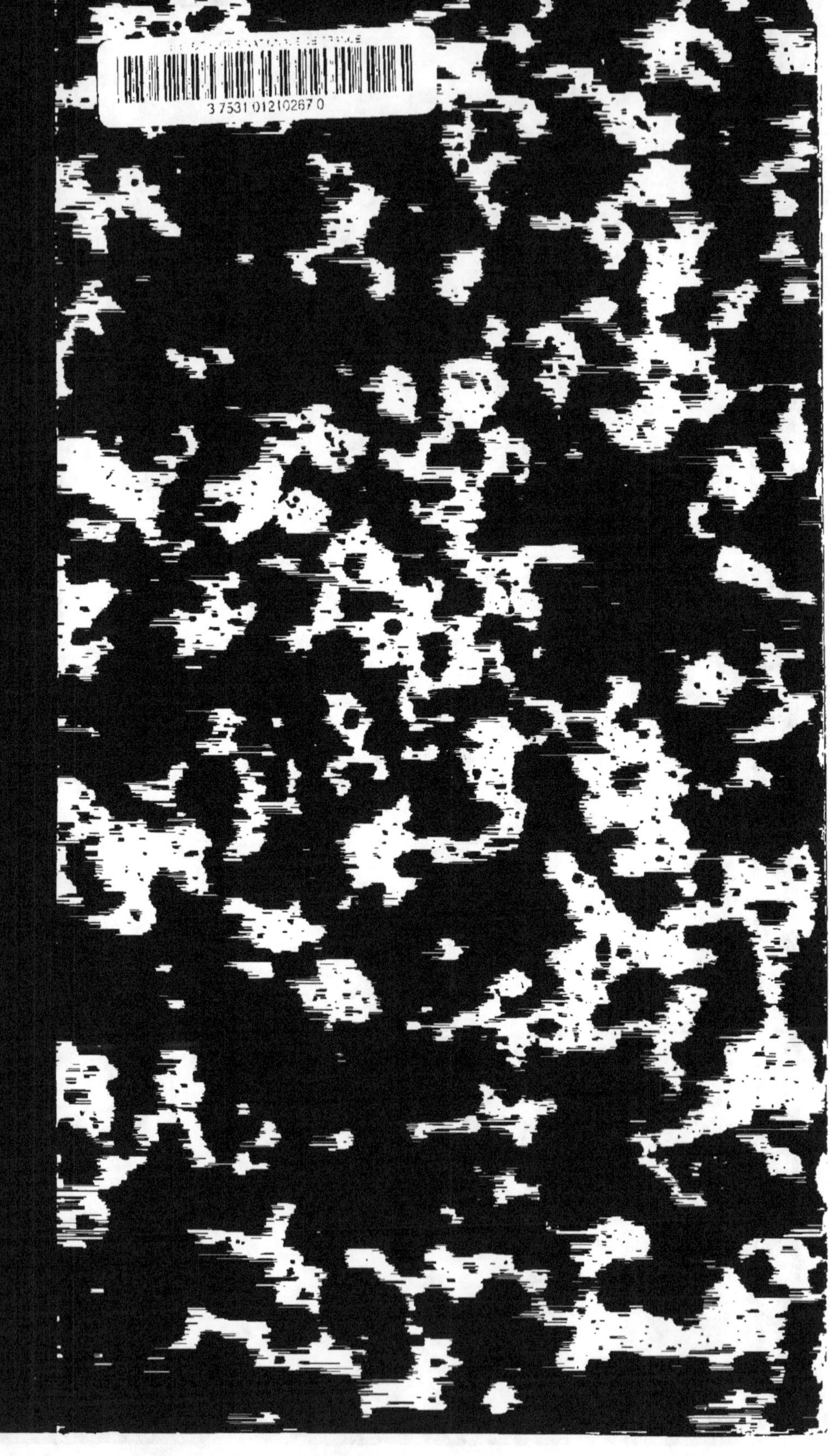

BIBLIOTHEQUE NATIONALE DE FRANCE
3 7531 01210267 0